NOVENA AL CASTÍSIMO CORAZÓN DE SAN JOSÉ

Autor: Vincenzo Rutigliano

www.MensajeroMariano

www.Facebook.com/MensajeroMarianoTv/

Puede Publicarse Arquidiócesis de Barquisimeto
MMXI Pbro. Oswaldo Araque Vicario General

ÍNDICE

Oraciones para todos los días.

    Consagración al Castísimo Corazón de San José

Primer día. Custodio del Redentor

Segundo día. Testigo de la Encarnación

Tercer Día. Varón justo

Cuarto Día: El Bienaventurado

Quinto día: Esposo Virtuoso

Sexto día: Dolores y Gozos

Séptimo día. Defensor en las prueba

Octavo día: San José Obrero

Noveno Día. José el Mayor de los Patriarcas

Oraciones para todos los días.

San José, del linaje de David, confiando en las bondades de tu Castísimo Corazón, recurrimos a ti, para pedir por los desplazados, los inmigrantes, los trabajadores, los padres de familias, por los niños, los maestros, los jóvenes, por los consagrados, San José, compañero idóneo y esposo de la Virgen María ruega por las vocaciones a la vida matrimonial y a la vida religiosa, te pedimos por los ancianos, enfermos y agonizantes. Intercede por nuestros hogares, nuestras necesidades e intenciones particulares (mencionarlas). Junto a la Santísima Virgen María, ven a rogar e interceder por nuestros hogares, para que Dios transforme nuestra agua en vino, nuestra aridez en fecundidad, nuestra intolerancia en comprensión, nuestra tristeza en alegría, nuestra indiferencia en amor. Que por los méritos de la sagrada familia de Nazaret, tu Divino Hijo Jesucristo sanes las heridas causadas por nuestras rencillas, indiferencias y pecados, perdona nuestra falta de amor, comprensión y cariño, restaure a todas las familias a nuestro alrededor, que derrame las gracias necesarias para ser testigos valientes de la civilización del amor. San José y María padres de Jesús, que quienes hemos sido unidos en matrimonio, por vuestro Divino Hijo, de Él recibamos las gracias necesarias del Espíritu Santo, que se posó en la Encarnación, para vivir fieles a su amor, y a los compromisos asumidos sacramentalmente. Alcanza de la Amada Santísima Trinidad, la prosperidad, y las bendiciones necesarias para nuestros hogares, que podamos disfrutar con santidad del amor conyugal y la alegría de los hijos, esperanzados en la providencia divina. Que el Padre Eterno que les escogió como familia y sagrario del Redentor, haga de nuestros hogares templos vivos, donde habite su divina presencia, donde reinen los valores del amor, respeto, la mutua comprensión, el cariño, la reconciliación, la armonía, la paz y todas las virtudes cristianas.

Sagrada Familia de Nazaret, pedimos por la restauración de todos los matrimonios, especialmente los de nuestra familia, guárdanos a todos en sus sagrados Corazones y libéranos de los ataques y seducciones del maligno, amén.

Consagración al Castísimo Corazón de San José

San José, esposo de la Virgen María, consagramos a tu Castísimo Corazón, nuestra familia, para que en todos reine el amor y la comprensión, que nuestros hogares sean un refugio del amor de Dios, donde se defienda la vida, pureza, dignidad, y castidad de cada uno de sus integrantes, donde florezcan todas las virtudes cristianas.

Amado San José, acepta esta consagración, que tú siempre seas nuestro custodio, padre y guía en el camino de la salvación. Consiguenos una gran pureza de corazón y una ferviente devoción a la vida interior. Concede que, siguiendo tu ejemplo, podamos dirigir todas nuestras acciones hacia la mayor gloria de Dios, en unión con el Sagrado Corazón de Jesús y el Inmaculado Corazón de María.

Oh San José, que fuiste bendecido por el Señor con la beatitud prometida a los puros de corazón, ya que durante tu vida terrena compartiste la vida de Jesús y viviste en Su presencia visible. Dígnate interceder por nosotros ante tu amado Hijo. Pídele que nos ayude, para que nuestra conciencia sea recta y veraz, y que nuestros corazones sean puros. Libérame de la doblez y la malicia.

Llena mi corazón de esperanza para que nunca dilate innecesariamente en mis pesares. Te pido con fe simple y ardiente para que pueda servir a mis hermanos y hermanas con un corazón generoso. De esta manera, como tu, me deleitaré en el profundo gozo y en la paz de la presencia misericordiosa de Dios.

Que con tu ayuda, nuestra familia sea una fábrica de santos, donde broten vocaciones a la vida matrimonial, sacerdotal y religiosa, que cada uno según los designios de Dios, podamos ser constructores eficaces de la civilización del amor. Para que todos los matrimonios católicos podamos dar testimonio de vida cristiana, llevando la buena nueva de salvación a los necesitados, con predicación, caridad y buen ejemplo. Moldeadnos según tu carácter, para que reinen en todas nuestras familias la paz de Cristo Jesús Señor nuestro amén

Rezar un Padre Nuestro, tres Avemarías y un Gloria.

Primer día. Custodio del Redentor

Palabras de SS Benedicto XVI sobre San José: "¡Queridos hermanos y hermanas! En los días de Adviento, la liturgia nos invita a contemplar de manera especial a la Virgen María y a san José, que vivieron con una intensidad única el tiempo de espera y de preparación para el nacimiento de Jesús. Hoy quiero dirigir la mirada a la figura de san José. En el evangelio de hoy, san Lucas presenta a la Virgen María como «desposada con un hombre llamado José, de la casa de David» (Lucas 1, 27). Sin embargo, el que más importancia da al padre adoptivo de Jesús es el evangelista Mateo, subrayando que gracias a él el Niño quedaba legalmente introducido en la descendencia de David, cumpliendo así las Escrituras, en las que el Mesías era profetizado como «hijo

de David». Pero el papel de José no puede reducirse a este aspecto legal. Es modelo del hombre «justo» (Mateo 1, 19), que en perfecta sintonía con su esposa acoge al Hijo de Dios hecho hombre y vela por su crecimiento humano. Por esto, en los días que preceden a la Navidad, es particularmente oportuno establecer una especie de diálogo espiritual con san José para que nos ayude a vivir en plenitud este gran misterio de la fe. El querido Papa Juan Pablo II, que era muy devoto de san José, nos dejó una admirable meditación dedicada a él en la exhortación apostólica «Custodio del Redentor». Entre los muchos aspectos que subraya, dedica una importancia particular al silencio de San José. Su silencio está impregnado de la contemplación del misterio de Dios, en actitud de disponibilidad total a la voluntad divina. Es decir, el silencio de san José no manifiesta un vacío interior, sino más bien la plenitud de fe que lleva en el corazón, y que guía cada uno de sus pensamientos y acciones. Un silencio por el que José, junto con María, custodia la Palabra de Dios, conocida a través de las sagradas Escrituras, cotejando continuamente con los acontecimientos de la vida de Jesús; un silencio entretejido de oración constante, oración de bendición del Señor, de adoración de su santa voluntad y de confianza sin reservas en su providencia. No es exagerado pensar que Jesús aprendiera --a nivel humano-- precisamente del «padre» José esa intensa interioridad, que es la condición de la auténtica justicia, la «justicia interior», que un día enseñará a sus discípulos (Cf. Mateo 5, 20). ¡Dejémonos contagiar por el silencio de san José! Nos hace tanta falta en un mundo con frecuencia demasiado ruidoso, que no favorece el recogimiento y la escucha de la voz de Dios. En este tiempo, cultivemos el recogimiento interior para acoger y custodiar a Jesús en nuestra vida. Amén".
Oración:

Santo Dios, Santo Fuerte, Santo Inmortal, por Jesús, José y Mará líbranos de todo mal.

Renueva en nosotros las gracias bautismales Señor, llénanos de tu Santo Espíritu, para ser fieles imitadores de las virtudes de san José, danos una renovada vida de meditación, silencio, castidad, oración y recepción frecuente de los sacramentos

Santo Dios, Santo Fuerte, Santo Inmortal, por Jesús, José y Mará líbranos de todo mal.

Amado Señor, que en san José nos dejaste un modelo admirable de humildad, fidelidad, sencillez y servicio, concédenos crecer en gracia y virtud bajo su custodia y compañía amén.

Santo Dios, Santo Fuerte, Santo Inmortal, por Jesús, José y Mará líbranos de todo mal.

Dios Padre Celestial, que nos has dado en san José un modelo de padre cristiano y un poderoso protector, concede a las familias cristianas padres generosos y solícitos que cuiden de sus hijos para que crezcan en sabiduría, edad y gracia, en una familia donde reine la unidad, el amor y la paz como en la sagrada familia de Nazaret amén.

Segundo día. Testigo de la Encarnación

San José, de la tribu de Judá, descendiente del gran rey David, nació cuando su familia ya había dejado de reinar y Roma dominaba el mundo. Cumplida su gran misión histórica, se pierden sus noticias en los primeros decenios de nuestra era, durante el reinado de César Augusto. Es San José un hombre sencillo, cuya vida se desarrolla en la humildad y el silencio. Su única ambición fue ser fiel cumplidor del papel sublime que Dios le encomendó, y en el cumplimiento de su misión -y no en la nobleza de su linaje- es donde se fundamenta su grandeza.

La Encarnación del Verbo es el centro de la historia. Antes, todo lo prepara; después, todo fluye de ella. Sin la Encarnación de Jesús, la historia sería un caos. Los Patriarcas sólo viven esperando el gran día; pensando en él, Abraham se estremece de alegría; con su bendición, Isaac transmite la esperanza hereditaria a su hijo Jacob; éste eleva a Judá por encima de sus hermanos, porque de él surgirá el Deseado de las Naciones. Moisés es la imagen y el profeta del Salvador. Isaías, Jeremías, Ezequiel, Daniel, pasan uno detrás del otro, y cada uno da su nota en el gran concierto que los siglos dirigen al Que ha de venir.

Pero sólo José será el delegado de Dios Padre que con plenos poderes estará presente al misterio de la Encarnación. Colocado entre Jesús y María, pierde su originalidad para convertirse en una personalidad humilde, en la que mejor resplandezcan aquellas dos existencias. Toda su gloria está en ser el padre legal de Jesús y el esposo de María. Es una misión excelsa que constantemente colocará a San José -varón justo-, bajo el signo de la fe.

Ya en sus esponsales con María será sometido a dura prueba. Siguiendo la Ley mosaica, por la que se regía el pueblo judío, después de los esponsales (de igual valor jurídico que el matrimonio) José y María no viven juntos, esperando para ello el día solemne de la boda. Él amaba a María, con todo el respeto y desinterés de su alma virgen. No le pedía otra cosa que ser testigo de sus virtudes, la amaba con aquella entrega total y constante de sí mismo que caracteriza al verdadero amor. Pero en un momento dado parece que la constancia de este amor va a romperse. San José ve que su esposa ha concebido, y aunque no duda de la inocencia de María, no comprende tampoco su maternidad. Por ello piensa abandonarla secretamente para no verse obligado a comprometer su honra, revelando el caso, en cumplimiento de la Ley. Mas el ángel del Señor le explica aquel misterio: "No temas recibir en tu casa a María -le dice-, pues lo que se engendró en ella es del Espíritu Santo".

José entiende ahora cómo en su esposa se están realizando grandes cosas, y cumple lo que el ángel le ha ordenado, recibiendo consigo a su mujer. Él será el velo de su virginidad, mientras el Espíritu Santo forma en el seno de María la humanidad del Verbo. Su fidelidad ya no conocerá el desfallecimiento, amándola siempre con un corazón generoso. Él trabajará para alimentarla; será su compañero en los viajes, su protector en los peligros; él la guiará a través del desierto, y será su fuerza en el exilio; Él la devolverá a su patria cuando la Providencia señale el momento para ello. San José abrió las puertas de su Corazón al Corazón Inmaculado de María, y por esto, llegó a una profunda comunión con el Corazón de Jesús, a quien protegió, dirigió, formó y cuidó toda su vida.

Oración:

San Miguel, San Rafael y San Gabriel, rueguen, luchen e intercedan por nosotros.

A San José guiaron y cuidaron santos ángeles de Dios, ahora por su intercesión cuiden de nosotros sus devotos, por favor, traigan a nuestras vidas la paz de Dios y la armonía familiar.

San Miguel, San Rafael y San Gabriel, rueguen, luchen e intercedan por nosotros.

San José que por tus ruegos, Dios nos de fortaleza y perseverancia, para vivir las virtudes cristianas y reine la caridad en nuestras casas.

San Miguel, San Rafael y San Gabriel, rueguen, luchen e intercedan por nosotros

Pido Dios Santo que envíes a San Rafael, San Miguel y San Gabriel a traernos bendición a todos nuestros familiares, amigos, compañeros de oración y a nuestras casas amén.

Tercer Día. Varón justo

José el Varón Creyente: "Jacob engendró a José, el esposo de María, de la cual nació Jesús, llamado Cristo. El nacimiento de Jesucristo fue de esta manera: La madre de Jesús estaba desposada con José y, antes de vivir juntos, resultó que ella esperaba un hijo, por obra del Espíritu Santo. José, su esposo, que era bueno *y no quería denunciarla, decidió repudiarla en secreto. Pero apenas había tomado esta resolución se le apareció en sueños un ángel del Señor que le dijo: -"José, hijo de David, no tengas reparo en llevarte a María, tu mujer, porque la criatura que hay en ella viene del Espíritu Santo. Dará a luz un hijo y tú le pondrás por nombre Jesús, porque él salvará a su pueblo de los pecados". Cuando José se despertó hizo lo que le había mandado el ángel del Señor".* Mateo 1, 16. 18-21

José es el varón justo, esposo de María, a quien Dios confió el cuidado de su Hijo. Un hombre bueno; aunque no entendía el misterio de la concepción virginal de Jesús, no quiso dañar a María. Dios fue ofreciendo a este varón de fe y buen corazón, las indicaciones que necesitó para cumplir su misión.

El evangelio describe a José como un "hombre justo" a quien Dios pudo confiar lo que más amaba: su Hijo Unigénito y la siempre Virgen María. A ambos les cuidó y amó como el mejor de los padres y de los esposos. Un varón justo que la Iglesia propone como modelo a los padres cristianos. José, como Abrahán, es un hombre de fe y de esperanza inquebrantables, que confía en la palabra de Dios y está siempre dispuesto a cumplir lo que el Señor le pida. Es capaz de descubrir la voz de Dios, ya sea en portentosas revelaciones, o a través de las circunstancias de la vida diaria: acoge a María porque se lo dice un ángel en sueños, va a Belén porque el César quiere saber cuántos súbditos tiene, huye a Egipto porque Herodes quiere matar al niño.

El hombre de fe descubre los designios de Dios en los múltiples modos que Él tiene de manifestarse; aunque no entienda, obedece con prontitud al ángel, acepta la explicación de su hijo cuando decide quedarse en el Templo (Lc 2, 49). Ni José ni María comprendieron esta respuesta de Jesús, "¿no sabíais que debía ocuparme de las cosas de mi padre?" Sin embargo, no quisieron interponerse u oponerse a los planes de Dios sobre su hijo.

Solo San José, hombre tan puro y humilde, encomendó el Señor, la llamada de ser esposo de la Madre de Dios. Que lazo tan sublime, formado por el Espíritu Santo; el mas sagrado después del que une la humanidad con la divinidad en Cristo, o como el lazo que unía a María con Jesús! José era un hombre de Dios, un justo de Israel. Dios le eligió como custodio de sus tesoros más preciosos, porque encontró en él al "servidor fiel y solicito que pudo poner al frente de su familia". José cumplió su misión: como jefe de la familia de Nazaret, se preocupó de que su hijo creciese en sabiduría, edad y gracia ante Dios y ante los hombres. Desde el cielo, sigue siendo el protector de la Iglesia. Por eso los cristianos seguimos encomendando nuestras intenciones, sobre todo, nuestra alma en la hora de la muerte.

Oración:

Jesús, José y María os amo salvad las almas

Querido San José, el amor de tu Castísimo Corazón consuela y conforta al Sagrado Corazón del Divino Niño Jesús y al

Inmaculado Corazón de María, haznos amar estos tus amores y entregarnos a sus Corazones con fidelidad y sin condiciones.
Jesús, José y María os amo salvad las almas
Sagrados Corazones de la Familia de Nazaret, derramen las virtudes, gracias y bendiciones que necesitamos para vivir dignamente como hijos de Dios y crecer en fe, esperanza y amor
Jesús, José y María os amo salvad las almas
Dios Padre Celestial, que a San José, le confiaste los dos más grandes tesoros de tu amor, al Santo de los Santos tu Divino Unigénito Jesucristo, y a la Santísima Virgen María, concédenos los cuidados y el auxilio de este padre generoso y solícito y dánoslo como patrono y protector nuestro amén.

Cuarto Día: El Bienaventurado

En Belén san José compartirá con Santa María el gozo sublime de ver nacer al Salvador del mundo, que los Patriarcas habían saludado de lejos y los Profetas habían cantado sin verlo. San José es más afortunado que ellos y que el mismo San Juan Bautista, contemporáneo de Jesús. Él le lleva en sus brazos, y desde este momento desarrolla ya su paternidad legal sobre el Hijo de Dios. A los cuarenta días, junto con María, lo presenta en el Templo. Después de la adoración de los Magos, y obedeciendo el mandato del ángel, toma a la Madre y al Hijo y marcha con ellos al exilio, para salvar al Niño de la persecución de Herodes, en la que murieron tantos inocentes. Muerto ya Herodes y pasado el peligro, nuevamente recibe José el aviso del ángel para volver de Egipto, estableciéndose definitivamente en Nazaret.
Allí, en silencio, continúa trabajando para cumplir la gran misión que el Padre Celestial le ha confiado. Ve con amor crecer a Jesús, y

su felicidad está en serle útil y poder estar a su lado. Sufre muchísimo el día que le pierde en Jerusalén; pero no es la primera vez que padece por aquel Niño que venía a salvar al mundo. Todos sus sufrimientos los da por bien empleados para que el Hijo de Dios pueda cumplir su obra redentora. Y cuando Jesús no necesite ya de sus servicios, y esté preparado para lanzarse a predicar la verdad por los pueblos, San José podrá dormirse en paz confortado con las bendiciones de su divino Hijo legal y los cuidados de su esposa. Él habrá ya consumado su misión terrenal, prestando un gran servicio a la Humanidad. Ahora corresponde a la Humanidad rendirle el honor que le debe.

Él, mientras tanto, continúa su acción protectora velando por la Iglesia Católica -continuadora de la obra de la Redención-, que le tiene por Patrono. Tal lo proclamó el Papa Pío IX. Pocos años más tarde, León XIII lo declaró Abogado de los hogares cristianos. Benedicto XV, en una preciosa carta apostólica, lo presentó como Modelo a las familias pobres y trabajadoras. Y el Pontífice Juan XXIII, lo ha nombrado Patrono del Concilio Ecuménico. Juan Pablo II le dedica números discursos y la exhortación apostólica «Custodio del Redentor».

Oración: San José, contigo y por ti bendecimos al Señor. El te escogió entre todos los hombres para ser el castísimo esposo de María, para estar cercano al umbral del misterio de la maternidad divina, y, después de Ella, acogerlo en la fe como obra del Espíritu Santo.

Castísimo San José, desata las bendiciones que traen la paz a nuestro hogar.

Tú diste a Jesús una paternidad legal en la línea del tronco de David. Tú velaste continuamente sobre la Madre y el Hijo con amor y cuidado, para asegurarle la vida y permitirle cumplir su destino.

Castísimo San José, desata las bendiciones que traen la paz a nuestro hogar.

Jesús, el Salvador, se dignó someterse a ti como a un padre, durante su infancia y adolescencia, y recibir de ti el aprendizaje de la vida humana, mientras que tú compartes su vida en la adoración de su misterio. Tú continúas a su lado. Sigues protegiendo a toda la Iglesia, la familia que nació de la salvación de Cristo. Protege especialmente a este pueblo católico que se ha puesto bajo tu protección.

Castísimo San José, desata las bendiciones que traen la paz a nuestro hogar.

Ayúdale a acercarse al misterio de Cristo con las disposiciones de fe, sumisión y amor que fueron las tuyas. Fíjate en las necesidades espirituales y materiales de todos los que recurren a tu intercesión; en particular de las familias y de los pobres de toda clase de pobrezas: por ti ellos están seguros de alcanzar la mirada maternal de María y la mano de Jesús que les ayude. Amén.

Quinto día: Esposo Virtuoso

José es el hombre que confía en el Señor, y guarda sus camino, El Dichoso del cual cantan los salmos, nada le falta, Dios lo bendice con la Mujer Virtuosa Santa, la Bienaventurada Virgen y Madre del Verbo de Dios, María es la parra fecunda, que da el Fruto Bendito, el Salvador Ungido, por los olivos sagrados del Espíritu de Dios, preservada del pecado y plena de Gracia debía ser la Madre virginal de Dios Encarnado, lleno de gracias y virtudes inimaginables debía ser también aquel que la acompañó como

Esposo y custodio del redentor, Castísimo el Corazón del Bienaventurado Esposo de la siempre Bienaventurada Virgen María.

"El que está atento a la palabra encontrará la dicha, que confía en Yahveh será feliz". (Proverbios 16:20) "El de manos limpias y puro corazón, el que a la vanidad no lleva su alma, ni con engaño jura. El logrará la bendición de Yahveh, la justicia del Dios de su salvación". (Salmos 24:4-5

José significa "Dios me ayuda". De San José sabemos los datos históricos de San Mateo y San Lucas, que nos narran en el Evangelio, cumplidor de la Ley de Dios, de las ofrendas, peregrinaciones y sacrificios prescritos al pueblo santo, Varón trabajador solidario de los tributos civiles. Su más grande honor es que Dios le confió sus dos más preciosos tesoros: Jesús y María. San Mateo nos dice que era descendiente de la familia de David. El matrimonio de San José y de María Santísima está lleno de virtudes, de armonía de dos corazones que viven para amar primariamente a Dios y a su misión de ser padres del Dios hecho hombre. Abnegación profunda de estas dos vidas, la una para la otra, compartiendo los dolores y alegrías; las espinas, la pobreza, el amor, el respeto, santidad, luz, paz.

Una muy antigua tradición dice que el 19 de Marzo sucedió la muerte de nuestro santo y el paso de su alma de la tierra al cielo. Los santos que más han propagado la devoción a San José han sido: San Vicente Ferrer, Santa Brígida, San Bernardino de Siena (que escribió en su honor muy hermosos sermones) y San Francisco de Sales, que predicó muchas veces recomendando la devoción al santo Patriarca. Pero sobre todo, la que más propagó su devoción fue Santa Teresa, que fue curada por él de una terrible enfermedad que la tenía casi paralizada, enfermedad que ya era considerada incurable. Le rezó con fe a San José y obtuvo de manera maravillosa su curación. En adelante esta santa ya no dejó nunca de recomendar a las gentes que se encomienden a San José. Y repetía: "Otros santos parece que tienen especial poder para solucionar ciertos problemas. Pero a San José le ha concedido Dios un gran poder para ayudar en todo". Hacia el final de su vida, la mística fundadora decía: "Durante 40 años, cada año en la fiesta de San José le he pedido alguna gracia o favor especial, y no me ha fallado ni una sola vez. Yo les digo a los que me escuchan que hagan el ensayo de rezar con fe a este gran santo, y verán que grandes frutos van a conseguir". Y es de notar que a todos los conventos que fundó Santa Teresa, les colocó por patrono a San José.

San Mateo narra que San José se había comprometido en ceremonia pública a casarse con la Virgen María. Pero que luego al darse cuenta de que Ella estaba esperando un hijo sin haber vivido juntos los dos, y no entendiendo aquel misterio, en vez de denunciar como infiel, dispuso abandonarla en secreto e irse a otro pueblo a vivir. Y dice el evangelio que su determinación de no denunciarla, se debió a que "José era un hombre justo", un verdadero santo. Este es un enorme elogio que le hace la Sagrada Escritura. En la Biblia, "ser justo" es lo mejor que un hombre puede ser.

Nuestro santo tuvo unos sueños muy impresionantes, en los cuales recibió importantísimos mensajes del Cielo. En su primer sueño, en Nazaret, un ángel le contó que el hijo que iba a tener María era obra del Espíritu Santo y que podía recibirla en su casa, que era totalmente fiel. Tranquilizado con ese mensaje, José la acompañó en su santa misión. José da al Cesar lo que es del Cesar y a Dios lo que es de Dios (toda su vida). Cumple sus deberes como padre de familia y trabajador, se presenta hasta Belén, para cumplir el decreto del censo, así se cumple los designios de las antiguas profecías, en Belén nacerá el Salvador, junto a la Virgen cumplen los ritos y ofrendas al Templo de Dios, en la Presentación del Divino Niño. En su segundo sueño en Belén, un ángel le comunicó que Herodes buscaba al Niño Jesús para matarlo, y que debía salir huyendo a Egipto. José se levantó a medianoche y con María y el Niño se fue hacia Egipto. En su tercer sueño en Egipto, el ángel le comunicó que ya había muerto Herodes y que podían volver a Israel. Entonces José, su esposa y el Niño volvieron a Nazaret.

Oración:

Santas y Santos devotos de San José rueguen por nosotros y por el mundo entero.

Que sellados por la Sangre Preciosa de Cristo, para poder imitar las virtudes de la familia de Nazaret y caminemos siempre en santidad y justicia.

Beatas y Beatos devotos de San José rueguen por nosotros y por el mundo entero.

Que protegidos por la Sangre Victoriosa de Cristo, seamos verdaderos devotos y fieles imitadores del Inmaculado Corazón de María y del Castísimo Corazón de San José,

Santas y Santos devotos de San José rueguen por nosotros y por el mundo entero.

Sexto día: Dolores y Gozos

La Iglesia Católica venera mucho los grandes dolores o penas que tuvo este santo, pero a cada dolor o sufrimiento le corresponde una inmensa alegría que Nuestro Señor le envió. "Pues, así como abundan en nosotros los sufrimientos de Cristo, igualmente abunda también por Cristo nuestra consolación". (II Corintios 1:5).

¡Oh castísimo Esposo de María, glorioso San José! Tanto como fueron terribles los dolores y las angustias de tu corazón, cuando creíste deber separarte de tu Inmaculada Esposa, tanto fue vivo el gozo que experimentaste cuando el ángel te reveló el misterio de la Encarnación. Te suplicamos, por este dolor y este gozo, que te dignes consolar nuestras almas ahora y en nuestros postreros momentos, alcanzándonos la gracia de llevar una vida santa y tener una muerte semejante a la tuya, en los brazos de Jesús y de María.

Ver nacer al Niño Jesús en una pobrísima cueva en Belén, y no lograr conseguir ni siquiera una casita pobre para el nacimiento. A este dolor correspondió la alegría de ver y oír a los ángeles y pastores llegar a adorar al Divino Niño, y luego recibir la visita de los Magos de oriente con oro, incienso y mirra. ¡Oh dichosísimo Patriarca, glorioso San José, que has sido elevado de padre nutricio del Verbo hecho hombre! El dolor que sentiste al ver nacer al Niño Jesús en tanta pobreza, se te trocó bien pronto en un gozo celestial cuando oíste los armoniosos conciertos de aquella memorable y resplandeciente noche. Te suplicamos, por este dolor y este gozo, que nos alcances, al terminar esta vida, la gracia de ser admitidos a oír los santos cánticos de los ángeles, y gozar del resplandor de la gloria celestial.

¡Oh modelo perfecto de sumisión a las leyes divinas, glorioso San José! La vista de la sangre preciosa que el redentor Niño derramó en su circuncisión, traspasó tu corazón de dolor; pero la imposición del nombre Jesús lo reanimó, llenándote de consuelo. El día de la Presentación del Niño en el Templo, al oír al profeta Simeón anunciar que Jesús sería causa de división y que muchos irían en su contra y que por esa causa, una espada de dolor atravesaría el corazón de María. A este sufrimiento correspondió la alegría de oír al profeta anunciar que Jesús sería la luz que iluminaría a todas las naciones, y la gloria del pueblo de Israel. Alcánzanos, por este dolor y este gozo que, dando de mano a todos los vicios durante la vida podamos morir con gozo y alegría, invocando de corazón y de boca el santísimo nombre de Jesús. ¡Oh Santo fidelísimo, a quien fueron comunicados los misterios de nuestra redención, glorioso San José! Si la profecía de Simeón te causó un dolor mortal, haciéndote saber que Jesús y María debían sufrir, te llenó al mismo tiempo de satisfacción, al anunciarte que sus padecimientos serían seguidos de la salvación de multitud innumerable de almas, que resucitarían a la vida. Pide por nosotros, en memoria de este dolor y de este gozo, para que seamos del número de aquellos que, por los méritos de Jesucristo y la intercesión de la Virgen María, resucitarán para la gloria.

Oración:
Padre Eterno, uno mis sufrimientos, a los de San José y los tormentos de la Santísima Pasión de tu Unigénito Jesucristo, para que redimidos por nuestras tristezas, podamos ser creaturas nuevas y gozar de las eternas bienaventuranzas.

'Oh Jesús, es por tu amor y por la conversión de los pecadores'.

Querido Jesús, ofrezco toda mi vida, buenas obras, sacrificios y sufrimientos, uniéndolos a los méritos de tu santísima Sangre y muerte de cruz para adorar a la Gloriosa Santísima Trinidad, en reparación por nuestras muchas ofensas.

'Oh Jesús, es por tu amor y por la conversión de los pecadores'.

Espíritu Santo, que mi vida y familia, queden desde hoy y para siempre más unidos a los meritos y corazones de la Sagrada Familia de Nazaret, te rogamos nos concedas gozar de continua salud de alma y cuerpo, y por la gloriosa intercesión del Castísimo

Corazón de San José, vernos libres de las tristezas de la vida presente y disfrutar de las eternas alegrías. Por Jesucristo Nuestro Señor. Amén.

Séptimo día. Defensor en las prueba

"El Espíritu mismo se une a nuestro espíritu para dar testimonio de que somos hijos de Dios. Y, si hijos, también herederos: herederos de Dios y coherederos de Cristo, ya que sufrimos con él, para ser también con él glorificados. Porque estimo que los sufrimientos del tiempo presente no son comparables con la gloria que se ha de manifestar en nosotros" Romanos 8:16-18

San José experimenta la dimensión redentora del sufrimiento, en la huida a Egipto. Tener que huir por entre esos desiertos a altos grados de temperatura, y sin sombras ni agua, y con el Niño recién nacido. A este sufrimiento le correspondió la alegría de ser muy bien recibido por sus paisanos en Egipto y el gozo de ver crecer tan santo y hermoso al Divino Niño. ¡Oh vigilantísimo guardián del Hijo de Dios hecho hombre, glorioso San José! ¡Cuánto has sufrido por servir al Hijo del Altísimo y proveer a su subsistencia, particularmente durante la huida a Egipto! Pero también ¡cuánto debiste gozar en tener siempre a tu lado al Hijo de Dios, y en ver caer los ídolos de los egipcios! Alcanza de Dios, por este dolor y este gozo que, teniendo siempre al tirano infernal alejado de nosotros, sobre todo con la pronta huida de las ocasiones peligrosas, merezcamos que caigan de nuestros corazones todos los ídolos de las afecciones terrenas, y que enteramente consagrados al servicio de Jesús y de María, no vivamos sino para ellos y les ofrezcamos nuestro último suspiro.

¡Oh ángel de la tierra, glorioso San José, que viste con admiración al Rey del cielo sometido a tus órdenes! Si el consuelo que experimentaste, al conducir de Egipto a tu querido Jesús, fue turbado por el temor de Arquelao, a su vez tranquilizado por el ángel, permaneciste gozoso en Nazaret con Jesús y María. Obtén, por este dolor y este gozo que, libres de todos los temores que puedan sernos nocivos, gocemos de la paz de una buena conciencia, vivamos tranquilos en unión con Jesús y María y en sus manos entreguemos nuestra alma en el momento de la muerte.

¡Oh modelo de santidad, glorioso san José, que habiendo perdido al Niño Jesús, sin que hubiese culpa por parte de ti, lo buscaste durante tres días con inmenso dolor, hasta el momento en que experimentaste un gozo indecible, el más grande de tu vida, al encontrarlo en el templo en medio de los doctores! La pérdida del Niño Jesús en el Templo y la angustia de estar buscándolo por tres días. A este sufrimiento le siguió la alegría de encontrarlo sano y salvo y de tenerlo en sus casa hasta los 30 años y verlo crecer en edad, sabiduría y gracia ante Dios y ante los hombres. Te suplicamos desde lo íntimo de nuestro corazón, por este gozo, que te dignes emplear tu valimiento cerca de Dios, a fin de que nunca nos suceda perder a Jesús por el pecado mortal; y si desgraciadamente nos aconteciera este grande infortunio, haz que lo busquemos de nuevo con el más profundo dolor, hasta que lo encontremos favorable, sobre todo en el momento de la muerte, para poder luego gozar de él en el cielo y bendecir contigo sus infinitas misericordias durante toda la eternidad.

Querido San José, experimentaste la separación de Jesús y de María al llegarle la hora de morir, pero a este sufrimiento le siguió la alegría, la paz y el consuelo de morir acompañado de los dos seres más santos de la tierra, y de ser recibir los premios del Cielo.

Por eso te invocamos como Patrono de la Buena Muerte, por tener la muerte más dichosa que un ser humano pueda desear: acompañado y consolado por Jesús y María. Por este dolor y gozo danos perseverancia en el camino del bien. Cumpliste en la tierra la misión de custodio, de proteger con dedicación, presencia, ternura, santidad y trabajo, a la Sagrada Familia, ahora desde el Cielo cuidas a los devotos de los Corazones de Jesús y de María.

Oración:

Amado San José, ruega por nosotros y se nuestro custodio
Ya que nunca te rendiste ante tantas dificultades y tentaciones, ayúdanos a superar todas nuestras situaciones.
Amado San José, ruega por nosotros y se nuestro custodio
Fuiste emigrante y desplazado, fuiste el trabajador más honrado, danos fidelidad y alegría para ser santos en lo cotidiano.
Amado San José, ruega por nosotros y se nuestro custodio
Padre Eterno, tan gran santo custodio, sólo el Divino Niño mereció, por su merito y pasión, concédenos también a nosotros, humildes y pecadores, contar con los grandes favores, de contar con San José como custodio y protector, por Jesucristo Nuestro Señor. Amén

Octavo día: San José Obrero

La Iglesia recuerda, en el día de los trabajadores, a san José, obrero. Pablo VI se ha expresado al respecto: "Vosotros, los hijos del trabajo, que durante siglos habéis sido los esclavos de la labor, buscad a aquel que declara que la vida es sagrada, que el obrero es libre de las cadenas que la primacía del materialismo y del egoísmo económico ha soldado no sólo en torno de los puños de los trabajadores, sino en torno de su corazón y de su espíritu... Buscad un principio, una razón que haga a los hombres iguales, solidarios entre sí, y que les devuelva la fraternidad. Y ello no en el odio contra otros hombres... Ya que todos viven en una comunidad natural, que traten de formar una sociedad humana y que sientan la grandeza de ser un pueblo".

El mundo humano es el mundo del trabajo, hecho por la inteligencia, a través de las manos que en medio de la naturaleza señalan el camino del progreso y la cultura. Dios concedió manos a otras especies, pero sólo a la mano del hombre le dio el carácter de herramienta. Toda la técnica sobre la cual se asienta la civilización es prolongación de esa mano que Dios otorgó al hombre. Hoy celebramos al padre nutricio de Jesús, justo y humilde carpintero de Nazaret, que pasa la vida no sólo en la meditación y la oración, sino también en las fatigas de su artesanía. José es el símbolo de la prudencia, del silencio, de la generosidad, de la dignidad y de la aplicación en el trabajo; también lo es de los derechos y de los deberes respecto del trabajo.

San José fue un auténtico obrero en el pleno sentido de la palabra, y el único hombre que compartió con el Hijo de Dios la tarea de todos los días. Recordamos hoy a todos los trabajadores de nuestra patria y del mundo, pidiendo al cielo para que sean instrumento de paz, de evangelización, de serena inteligencia, de valor y de confianza en sí mismos, de esperanzas de bien y de fervientes voluntad, dignos y sin escatimar en la hermandad de los hombres.

La Iglesia recuerda, en el día de los trabajadores, a san José, obrero. Juan Pablo II enseña que los hombres descubren pronto la cruz en su trabajo; precisamente por ello el esfuerzo humano es redentor, pues Cristo lo ha unido a su pasión: también él fue obrero y predicó su evangelio del trabajo conociendo íntimamente esta realidad que tiene por protagonistas a todos los hombres y mujeres del mundo.

San José, el santo del Silencio. Es un caso excepcional en la Biblia: un santo al que no se le escucha ni una sola palabra. No es que haya sido uno de esos seres que no hablaban nada, pero seguramente fue un hombre que cumplió aquel mandato del profeta antiguo: "Sean pocas tus palabras". Quizás Dios ha permitido que de tan grande amigo del Señor no se conserve ni una sola palabra, para enseñarnos a amar también nosotros en silencio. "San José, Patrono de la Vida interior, enséñanos a orar, a sufrir y a callar".
El Papa Pío Nono declaró en 1870 a San José como Patrono Universal de la Iglesia, y sus sucesores le han tenido una gran devoción.
Santa Teresa repetía: "Parece que Jesucristo quiere demostrar que así como San José lo trató tan sumamente bien a Él en esta tierra, Él le concede ahora en el cielo todo lo que le pida para nosotros. Pido a todos que hagan la prueba y se darán cuenta de cuán ventajoso es ser devotos de este santo Patriarca". "Yo no conozco persona que le haya rezado con fe y perseverancia a San José, y que no se haya vuelto más virtuosa y más santa".
Oración a San José *del Papa León XIII:*
"A vos, bienaventurado San José, acudimos en nuestra tribulación, y después de invocar el auxilio de vuestra Santísima Esposa, solicitamos también confiadamente vuestro patrocinio. Por aquella caridad que con la Inmaculada Virgen María, Madre de Dios, os tuvo unido y, por el paterno amor con que abrazaste al Niño Jesús, humildemente os suplicamos volváis benigno los ojos a la herencia que con su Sangre adquirió Jesucristo, y con vuestro poder y auxilio socorráis nuestras necesidades.
Proteged, oh providentísimo Custodio de la Sagrada Familia la escogida descendencia de Jesucristo; apartad de nosotros toda mancha de error y corrupción; asistidnos propicio, desde el Cielo,

fortísimo libertador nuestro en esta lucha con el poder de las tinieblas y, como en otro tiempo librasteis al Niño Jesús del inminente peligro de su vida, así, ahora, defended la Iglesia Santa de Dios de las asechanzas de sus enemigos y de toda adversidad, y a cada uno de nosotros protegednos con perpetuo patrocinio, para que, a ejemplo vuestro y sostenidos por vuestro auxilio, podamos santamente vivir y piadosamente morir y alcanzar en el Cielo la eterna felicidad. Amén".

Noveno Día. José el Mayor de los Patriarcas

Cuenta el Evangelio que un día se acercan a Jesús, Santiago y Juan, los hijos de Zebedeo, y le dicen: «Maestro, queremos, nos concedas lo que te pidamos.» Él les dijo: «¿Qué queréis que os conceda?» Ellos le respondieron: «Concédenos que nos sentemos en tu gloria, uno a tu derecha y otro a tu izquierda.» Jesús les dijo: «No sabéis lo que pedís. ¿Podéis beber la copa que yo voy a beber, o ser bautizados con el bautismo con que yo voy a ser bautizado?» Ellos le dijeron: «Sí, podemos.» Jesús les dijo: «La copa que yo voy a beber, sí la beberéis y también seréis bautizados con el bautismo conque yo voy a ser bautizado; pero, sentarse a mi derecha o a mi izquierda no es cosa mía el concederlo, sino que es para quienes está preparado.» Cf Marcos 10:35-40.

En el Reino de Dios, aquellos que son últimos según los criterios del mundo, son los privilegiados, los humildes, sencillos, puros, los generosos, los misericordiosos, los que han padecido por el bien, la justicia y la paz, serán quienes reinarán con Jesucristo, estos puestos de honor que piden y aspiran Santiago y Juan Dios los ha reservado ¿para quienes está preparado? Únicamente para San José y La Virgen María, ellos ya aparecen desde Belén, a los lados de honor del gran Rey de Reyes y Señor de señores, es José el heredero de la corona de David, en quien se cumplen todas las peticiones de los patriarcas y profetas, ver nacer al Salvador al Mesías El Señor, Dios prometió desde antiguo a Abraham, Isaac y Jacob, una descendencia eterna, en el Salvador, Isaías lo profetiza para el Pueblo de Dios, El Emanuel (El Dios con nosotros) el Príncipe de Paz, el Rey Eterno.

¡Dichoso el hombre que no sigue el consejo de los impíos, ni en la senda de los pecadores se detiene, ni en el banco de los burlones se sienta, mas se complace en la ley de Yahveh, su ley susurra día y noche! (Salmos 1:1). En la visita de los reyes de oriente, quienes vienen a adorar al recién nacido Rey, allí está en brazos de la Virgen y San José, el deseado de las naciones, en el hogar de la humildad, caridad, castidad y el silencio, la Familia de Nazaret, el mejor reflejo de la Santísima Trinidad en la Tierra, la imagen y semejanza de del la Augusta Trinidad donde crece el Verbo eterno de Dios.

La luz se alza para el justo, y para los de recto corazón la alegría. (Salmos 97:11). "Bendito sea aquel que fía en Yahveh, pues no defraudará Yahveh su confianza. Es como árbol plantado a las orillas del agua, que a la orilla de la corriente echa sus raíces. No temerá cuando viene el calor, y estará su follaje frondoso; en año de sequía no se inquieta ni se retrae de dar fruto". (Jeremías 17:7-8).

Oración:

Al Glorioso Patriarca San José

José dulcísimo y Padre amantísimo de mi corazón, te elijo como mi protector en vida y en muerte; y me consagro a tu Castísimo Corazón, en recompensa y satisfacción de los muchos días que inútilmente he dado al mundo, y a sus vanidades. Yo te suplico con todo mi corazón, que por tus dolores y goces me alcances de tu adoptivo Hijo Jesús y de tu verdadera esposa, María Santísima, la gracia de emplearlos a mucha honra y gloria suya, y en bien y provecho de mi alma.

Alcánzame vivas luces para conocer la gravedad de mis culpas, lágrimas de contrición para llorarlas y detestarlas, propósitos firmes para no cometerlas más, fortaleza para resistir a las tentaciones,

perseverancia para seguir el camino de la virtud; particularmente lo que te pido en esta oración y una cristiana disposición para morir bien.

Esto es, Santo mío, lo que te suplico; y esto es lo que mediante tu poderosa intercesión, espero alcanzar de mi Dios y Señor, a quien deseo amar y servir, como tú lo amaste y serviste siempre, por siempre, y por una eternidad. Amén.

Dios Padre celestial, concédenos imitar las heroicas virtudes de San José, y por su poderosa intercesión y protección, las gracias que necesitamos en nuestros hogares. Amén

ÍNDICE

Oraciones para todos los días.	3
Consagración al Castísimo Corazón de San José	4
Primer día. Custodio del Redentor	5
Segundo día. Testigo de la Encarnación	7
Tercer Día. Varón justo	10
Cuarto Día: El Bienaventurado	12
Quinto día: Esposo Virtuoso	14
Sexto día: Dolores y Gozos	18
Séptimo día. Defensor en las prueba	20
Octavo día: San José Obrero	23

Noveno Día. José el Mayor de los Patriarcas 25

Made in the USA
Las Vegas, NV
06 June 2024